AF234217

LA MORT

DU

CAPITAINE COOK,

OU

LES INSULAIRES D'O-WHY-E,

PANTOMIME EN DEUX ACTES,

A GRAND SPECTACLE,

Par M. Franconi Jeune;

Musique par M. Glezer; Divertissemens par M. Jacquinet; Décors par M. Isidore; Costumes par M. Victor Pot;

Représentée pour la première fois sur le Théâtre Olympique, le Jeudi, 13 Octobre 1814.

⁕⁕⁕⁕

PARIS,

BARBA, Libraire, Palais-Royal, derrière le Théâtre Français, n°. 51.

<div style="text-align:center">~~~~~~</div>

DE L'IMPRIMERIE D'ÉVERAT, RUE DU CADRAN, N°. 16.

1814.

~~~~~~

PERSONNAGES.	ACTEURS.
Le Capitaine COOK.	M. Franconi aîné.
WILLIAMS, son Frère, naufragé dans l'Ile depuis dix ans.	M. Baudot.
JENNY, sa Fille.	Mad. Franconi 1ᵉ.
LARAKE, souverain de l'Ile.	M. Le Roy.
ANUA, son Fils.	M. Franconi jeune.
OCTOO, chef d'une tribu voisine.	M. Bunel.
INA, jeune sauvage, compagne de Jenny.	Mlle. Adèle.
KIRK, domestique de Cook.	M. Delahaye.
Un Prêtre Sauvage.	M. Ahn père.
Officiers Anglais.	MM. Bassin, Dominique.
Compagnons d'Octoo.	MM. Fissot, Victor.

Chefs de Sauvages.
Matelots.
Mousses.
Soldats Anglais.
Sauvages des deux sexes.

La Scène se passe dans l'Ile d'Owhy-e.
~~~~~~

LA MORT
DU CAPITAINE COOK,

PANTOMIME.

ACTE PREMIER.

Le Théâtre représente un site pittoresque de l'Ile d'O-why-e; d'un côté le Palais de Larake, souverain de l'Ile; de l'autre l'habitation de Williams. Le tout est fermé par une palissade.

I.

Il fait à peine jour. Williams sort avec précaution de sa demeure; après s'être assuré qu'il est seul, il dit :

« Quelle douce tranquillité règne en ces lieux! faut-il que
» mes plaintes s'y fassent entendre... Tout dans cette île
» respire cette gaîté franche qui fait le bonheur de la vie, et
» qu'il ne m'est plus permis de partager... O ma patrie! je
» dois donc renoncer à l'espoir si doux de te revoir!... Dix
» ans se sont écoulés dans une vaine attente!... Ma fille,
» c'est ta présence et ton amour pour ton malheureux père,
» qui ont pu le faire tenir à la vie!... Eh! sans moi, quel
» seroit ton sort?... Toi qui devois être un jour l'ornement
» de Londres, et posséder une brillante fortune, te voilà,
» ainsi que ton père, réduite à tenir l'existence d'un peuple
» sauvage... mais dont la bonté nous a sauvé la vie. »

Williams déplore sa triste situation.

II

Larake, souverain de l'île, sort de son palais.

Il paroît préoccupé, et dirige ses pas vers l'habitation de Williams. Il l'aperçoit. Après s'être donné mutuellement des marques d'amitié:

LARAKE.

Mon ami, je ne m'attendois pas à te trouver avant le lever du soleil, hors de ton habitation. Le hazard me sert mieux que je ne croyois... J'ai à te communiquer une chose qui m'a empêché, cette nuit, de me livrer au sommeil.

WILLIAMS.

Parle, généreux Larake; tu sais que ma reconnoissance pour tes bienfaits est sans bornes; je n'oublierai jamais que nous devons la vie à toi et à ton fils.

LARAKE.

C'est de mon fils lui-même que je veux t'entretenir.

WILLIAMS.

Je t'écoute.

LARAKE.

Cher Williams, c'est de toi que dépend le bonheur de mes vieux jours.

WILLIAMS.

Explique toi.

LARAKE.

Mon fils aime ta Jenny, il en est aimé; il m'en a fait l'aveu, et je viens avec la franchise d'un insulaire te demander ta fille pour un fils que j'idolâtre.... ne me refuses pas.

WILLIAMS *avec émotion.*

Je sais que je te dois tout. Sans toi, et les secours de tes insulaires, j'aurois péri, ainsi que mes malheureux compatriotes, dans le naufrage qui a brisé mon vaisseau sur cette plage; mais dois-je renoncer à ma patrie? Je ne te cache pas que je me flattois que mon frère, le capitaine Cook, ce célèbre marin, curieux de faire des découvertes, aborderoit un jour cette île hospitalière.... mais je commence à renoncer à cet espoir consolateur. Je n'ai d'autres moyens pour payer tes bienfaits, que de t'accorder la main de ma Jenny, puisque tu m'assures qu'elle aime ton fils.

Larake, au comble de la joie, embrasse Williams, et lui jure une amitié éternelle.

WILLIAMS.

Mais je dois t'avertir que cette union pourra troubler la tranquillité de cette île..... Tu connois le farouche Octoo, l'un des chefs des tribus voisines; il adore ma fille, il a même osé me demander sa main; je l'ai refusé avec tous les ménagemens possibles. Mais s'il apprend que je donne la préférence à ton fils, ne peut-il pas chercher à se venger?

LARAKE.

Je connois l'audace de ce guerrier; mais comme son Roi, je saurai le punir s'il osoit troubler le bonheur de mon fils.

III.

Anua sort du palais : il aperçoit son père, court à lui, et lui demande s'il a instruit Williams de son amour pour sa fille. Il regarde avec inquiétude le père de Jenny. Celui-ci tend les bras; ce discours muet fait deviner à Anua tout son bonheur; il se précipite dans les bras de son second père.

WILLIAMS.

Oui, mon fils, je veux te donner la récompense que tu mérites; ton union avec ma Jenny peut seule m'acquitter envers toi.

Anua, au comble de la satisfaction, embrasse tour à tour Williams et son père, et court pour faire part à sa chère Jenny de cette heureuse nouvelle; mais Williams l'arrête et lui fait entendre que ce n'est pas à lui à la prévenir.

Anua est contrarié, mais forcé d'obéir.

Laraké ne veut pas différer plus long-temps le bonheur de son fils, et dit à Williams qu'il va tout faire disposer pour le mariage.

Il embrasse son fils, prend la main de son ami Williams, et sort.

IV.

Jenny arrive ; elle vole dans les bras de son père. Anua oublie les ordres qu'il a reçus et veut tout dire à sa chère Jenny.

Williams arrête son élan, et lui ordonne de sortir. Il veut instruire sa fille sans témoins. Anua obéit avec peine, mais il se cache pour voir quel effet cette nouvelle produira sur sa tendre amie.

Jenny, allarmée, ne conçoit pas pourquoi Williams a renvoyé Anua ; mais son père la rassure en lui disant :

Ma chère Jenny, je crois que l'emploi de ma matinée obtiendra ton aveu.....

(Jenny, étonnée de ce début, prête une oreille attentive.)

Je viens de fixer ton bonheur.....

(Jenny impatiente, presse son père de s'expliquer.)

Pendant cette scène, Anua s'est avancé ; Williams qui l'aperçoit, lui fait signe d'avancer et continue :

Ne crains rien, ma fille, celui dont ton père a fait choix pour ton époux est digne de toi, et je te laisse avec lui.

Il sort, en jouissant d'avance du plaisir que vont éprouver les deux êtres innocens, auxquels leur union certaine promet le bonheur qu'ils désirent.

Jenny, étonnée des derniers mots de son père, se retourne, et aperçoit Anua : elle croit que ses yeux la trompent.

Elle regarde partout, ne voyant que son amant, elle ne doute plus de son bonheur, tous deux se précipitent dans les bras l'un de l'autre, et se jurent amour pour la vie.

V.

Ce premier moment de bonheur est interrompu par l'arrivée du farouche Octoo.

Ce dernier, apercevant Jenny avec Anua, laisse éclater un mouvement de colère, mais bientôt il se modère, et s'approche de Jenny.

A sa vue, Jenny témoigne de la crainte.

Anua se retient avec peine, pendant la déclaration qu'Octoo ose faire, en sa présence, à sa bien-aimée.

VI.

Sur un signe d'Octoo, deux Sauvages apportent à Jenny différens présens, tels que des tortues, et des oiseaux du plus riche plumage.

Anua étouffant de colère, s'empare des présens et les jette loin de Jenny.

Octoo, furieux de cette insulte, lève sa massue pour en frapper Anua. Celui-ci se voyant sans armes, casse d'un arbre une forte branche, et s'élance sur son rival, Jenny n'a que le temps de se jeter entre eux.

VII.

Larake et Williams arrivent. Quel est leur étonnement, en apercevant Octoo aux prises avec son fils; il veut le faire punir de son audace. Les Sauvages qui accompagnent Octoo, volent à la défense de leur chef; mais Williams s'élance au milieu des combattans.

Octoo, à la vue de Williams, met bas les armes, et lui demande de nouveau la main de sa fille.

Williams lui dit qu'elle est promise à Anua. Il

prend en même temps la main des deux amans et les unit ensemble.

Octoo, ne se possédant plus de rage, fait des gestes menaçans, et sort en jurant qu'il saura tirer une vengeance éclatante de l'affront qu'il vient d'essuyer.

VIII.

Des sons d'instrumens se font entendre. Les habitans de l'île accourent : ils viennent célébrer le mariage de Jenny et d'Anua.

Alors les deux amans se séparent, et rentrent dans leurs habitations, pour se disposer à la cérémonie qui va fixer leur bonheur.

IX.

Une troupe de jeunes filles sauvages arrivent en dansant, et se rangent en file sur un des côtés : elles ont sur la tête des corbeilles remplies de fleurs.

Les hommes arrivent d'un autre côté, et se placent en face des jeunes filles.

Quatre de ces dernières apportent un autel : deux autres tiennent une baguette, et sont suivies du prêtre qui doit consacrer l'union de Jenny et d'Anua.

Larake et Williams paroissent : ils saluent le prêtre, et vont chercher leurs enfans.

Ils rentrent bientôt avec eux. Les deux amans commencent par changer de collier, en signe de leur consentement mutuel, cérémonie du pays. Ensuite les deux pères les conduisent près de l'autel.

Le prêtre remet aux deux pères deux guirlandes qui sont attachées à l'autel : ceux - ci en déposent les deux bouts entre les mains de leurs enfans.

Divertissement.

Après plusieurs danses, les Sauvages font une lutte de force et d'adresse , avec massues et piques.

L'un d'eux est proclamé vainqueur : il va recevoir le prix , lorsque Octoo paroît.

X.

Son arrivée jette le trouble dans l'assemblée.

Cependant il dissimule ses intentions perfides : il demande à Larake à lutter contre le plus fort de ses guerriers. Tous se disputent cet honneur : mais celui qui a déjà vaincu les autres , est choisi pour combattre Octoo.

Octoo terrasse ce terrible adversaire, et voyant que personne ne se présente plus pour lutter avec lui , il s'avance pour prendre le prix ; mais Anua ne peut voir passer dans les mains d'Octoo ce signe de la bravoure ; il se précipite au-devant de lui : Octoo se croyant , par sa force , certain de vaincre ce jeune Sauvage , le provoque lui - même au combat.

Tous les deux s'arment. Ils ont pour bouclier une large coquille de tortue , et pour arme un casse-tête.

Après une lutte terrible et long-temps douteuse, Anua renverse le fier Octoo.

Il est proclamé vainqueur. Il reçoit le prix qu'il

Cook.

remet généreusement au Sauvage qui le premier a lutté avec Octoo.

Celui-ci écume de rage.

La cérémonie reprend ; mais à l'instant où les deux amans saisissent la baguette qui doit consommer leur union, Octoo, au désespoir, s'élance sur Anua qu'il veut frapper de son casse-tête.

Sa trahison est aperçue. Il est bientôt saisi et désarmé.

Larake, furieux de cette perfidie, ordonne qu'il soit dépouillé de tous les signes de chef de tribu, et qu'il soit puni selon les lois du pays.

Octoo, au comble de la rage, veut en vain faire résistance : on l'entraîne, on l'attache à un arbre, pour recevoir son juste châtiment.

Jenny en vain prie pour ce coupable : on est prêt à frapper.

XI.

Des coups de canon se font entendre.

A ce bruit, tous les Sauvages restent pétrifiés.

Williams éprouve un sentiment bien différent.

Larake lui demande quel est ce bruit.

Plusieurs coups de canon se succèdent, mais toujours plus rapprochés.

Les Sauvages tombent la face contre terre.

Larake lui-même est effrayé.

Williams ne doute plus que ce sont des vaisseaux qui approchent de l'île : il en conçoit l'espoir de sa prochaine délivrance.

Il va pour en instruire Larake et rassurer les Sauvages,

XII.

Lorsqu'un Insulaire accourt tout effrayé, il annonce au Roi que des Étrangers viennent d'arriver dans l'île. Larake ordonne que l'on coure aux armes. Tout le monde sort précipitamment, sans écouter Williams qui cherche à les retenir. Il part bientôt lui-même pour s'instruire.

XIII.

Octoo, resté seul, cherche à briser les liens qui l'attachent.

XIV.

Un Officier anglais paroît dans le fond, suivi de plusieurs Soldats. Il examine avec précaution. N'apercevant personne, il fait ranger sa Troupe en bataille.

XV.

Bientôt Cook paroît avec tous ses Officiers.

Kirk est auprès de son maître. La crainte de rencontrer quelques Sauvages, lui cause une frayeur mortelle. En reculant, il se trouve auprès d'Octoo qui lui fait une grimace épouvantable. Kirk jette un cri perçant, et va se réfugier auprès de Cook, auquel il montre le Sauvage.

Le Capitaine ordonne qu'on le détache. Il est obéi.

A l'approche des Officiers anglais, Octoo est effrayé; mais Cook le rassure. Octoo voyant enfin qu'on ne lui fait aucun mal, se précipite aux genoux de Cook, et lui prend un pied qu'il pose sur sa téte, en signe de soumission, usage du pays.

Cook n'ayant encore rencontré personne, interroge Octoo sur les habitans de cette île. Celui-ci espérant faire servir ces Étrangers à ses projets de vengeance, offre au Capitaine de le conduire dans l'intérieur des habitations. Cook accepte et le suit avec ses Troupes.

XVI.

Jenny, inquiète de l'absence de son père, paroît avec sa jeune compagne Ina. Toutes deux examinent si elles ne pourront l'apercevoir, lorsqu'un Officier anglais survient.

Les deux Femmes effrayées veulent prendre la fuite ; il les arrête ; et frappé de la beauté de Jenny, il s'attache plus particulièrement à elle. Jenny le repousse ; Ina cherche en vain à défendre son amie. L'Anglais s'irrite, parvient à saisir Jenny, et veut l'embrasser malgré elle.

XVII.

Lorsque Anua accourt, dégage sa maîtresse, et menace l'Anglais : ils sont prêts à en venir aux mains.

XVIII.

Cook arrive avec Octoo, et les sépare ; mais la présence de cet étranger ne peut calmer sa colère.

Cook craignant une surprise de la part des Insulaires, ordonne à l'Officier de faire avancer un détachement. Le lâche Octoo court le chercher lui-même.

Anua, malgré les prières de Jenny, ne peut se contenir : il brave tout, et Cook lui-même.

XIX.

Larake paroît avec ses Insulaires, au moment où Octoo amène les Soldats anglais. Anua raconte à son père ce qui vient de se passer, et le danger qu'a couru sa chère Jenny. Larake, indigné, se met avec son fils à la tête de ses Insulaires, pour tomber sur les Anglais. Ceux-ci se mettent en défense; les armes sont levées de part et d'autre,

XIX.

Lorsque Williams accourt, se jette au milieu des deux partis, et arrête les coups qu'ils vont se porter.

Il se tourne aussitôt du côté du chef des étrangers, le regarde fixement. O bonheur inattendu! un cri de joie lui échappe. *C'est mon frère!*

Cook à son tour le considère un instant avec étonnement; mais bientôt, malgré la barbe épaisse qui déguise les traits de Williams, il ne peut le méconnoître. Tous deux se précipitent dans les bras l'un de l'autre.

Étonnement général.

Cook présente aux Anglais ce Frère chéri qu'il croyoit perdu à jamais.

Les officiers saluent Williams avec respect.

Cook se rappelant ensuite que son frère avoit amené sa fille avec lui, lui en demande des nouvelles. Williams prend aussitôt sa Jenny par la main, et la remet dans les bras de son oncle qui la comble de caresses.

Williams présente ensuite à son frère les Êtres bienfaisans auxquels il doit la vie.

Cook leur fait l'accueil le plus obligeant. Les Anglais imitent leur Chef, et tendent la main aux Insulaires.

Larake sort un moment et revient bientôt avec

un rameau qu'il présente à Cook en signe d'amitié. Celui-ci le reçoit avec franchise. L'union et la paix sont générales.

Cook ordonne à Kirk qui s'est emparé de la jeune Iua, de faire apporter les présens qu'il destine à Larake et aux Insulaires.

On apporte les coffres; Cook distribue lui-même des présens à Larake et à son fils. Larake reconnoissant, invite le Capitaine et ses officiers à venir dans son palais. Cook accepte et le suit après avoir recommandé à Kirk et à un autre Anglais de distribuer le reste des présens aux Insulaires;

Mais les insulaires se jètent sur les coffres, malgré les efforts des deux Anglais qu'ils culbutent, et prennent ce qui leur convient, les femmes, des miroirs avec lesquels elles font mille singeries; les hommes, différentes espèces d'armes: Kirk n'oublie pas sa petite Iua, et lui fait particulièrement un joli cadeau.

Octoo, présent à cette scène, s'est tenu à l'écart : il est toujours soucieux.

Pendant que les autres s'amusent, il s'approche d'un coffre, examine ce qui y reste, y voit un poignard et s'en empare ; il trouve qu'il pourra se servir à propos de cette arme.

Il la tourne et retourne avec joie.

Kirk qui a observé les mouvemens d'Octoo, s'approche de lui, et veut lui prendre le poignard.

Octoo furieux, menace de l'en frapper. Kirk effrayé prend la fuite.

Les femmes, les hommes se jètent pêle-mêle sur les coffres, et veulent les emporter : Kirk et son compagnon s'y opposent ; le tumulte et le désordre sont à leur comble.

Larake, Anua, Cook, Williams, Jenny et les officiers Anglais, attirés par le bruit, sortent du palais; mais en voyant la scène joyeuse qui se passe, ils sont rassurés, et s'amusent beaucoup d'un désordre qui ne peut occasionner de suites fâcheuses.

TABLEAU GÉNÉRAL.

Fin du premier acte.

ACTE II.

Le Théâtre représente une partie de l'île. Çà et là des cabanes de Sauvages. Dans le fond, la mer : le vaisseau du capitaine Cook est à l'ancre.

I.

Des ouvriers calfeutrent le vaisseau, des matelots ployent les voiles, d'autres lavent le pont. Des mousses arrangent les cordages.

II.

Plusieurs Anglais arrivent; ils aperçoivent les habitations des Insulaires; ils y entrent, et en sortent de suite en rassurant les femmes effrayées. Ils demandent des raffraîchissemens; les femmes leur montrent différens fruits du pays, suspendus aux arbres. Les Anglais en cueillent, les femmes les reçoivent dans des corbeilles.

Après s'être raffraîchis avec ces fruits, ils veulent embrasser les femmes qui prennent la fuite. Les Anglais les poursuivent.

Kirk arrive avec Ina. Elle porte un petit panier rempli de fruits : Kirk, enchanté, prouve son amour pour la jeune Sauvage, par mille plaisanteries qui font rire Ina. Elle le fait asseoir par terre, à la manière des Sauvages, lui donne des fruits. Pendant que Kirk mange, elle lui met sur la tête un bandeau de plumes, au col de grosses perles, sur les épaules un manteau de sauvage. Kirk se laisse faire. Dans cet accoutrement il se lève et se promène d'un air triomphant.

IV.

Ses camarades arrivent, se moquent de lui. Kirk, pour échapper à leurs plaisanteries, prend la fuite : ils le suivent en l'accablant de huées.

V.

Williams paroit seul et consterné : il dit :

« Grand dieu, qu'ai-je fait ? Comment apprendre à mon
» frère que Jenny est promise au fils de Larake, que déja
» la cérémonie du mariage est commencée, et que leur
» union n'a été suspendue que par son arrivée.... Non, cette
» union ne peut plus avoir lieu. . . . Ma chère Jenny ne
» doit pas renoncer à voir sa patrie, à jouir des caresses
» d'une famille qui depuis dix ans, pleure sa mort et la
» tienne. . . . . Mais quel moyen prendre ?. . . Il n'en est
» qu'un pour sauver à ma fille des regrets, quand il ne
» seroit plus temps... Instruisons mon frère de tout... Faut-il
» que l'amour paternel me fasse payer par la plus noire in-
» gratitude tous les bienfaits que j'ai reçus du chef de cette
» île hospitalière ! »

Williams veut sortir.

VI.

Cook paroit suivi de Jenny, de Larake et d'Anua.

Les deux jeunes gens, apercevant Williams, courent dans ses bras. Son embarras est visible. Cook remarque son trouble ; Williams ne voulant pas s'expliquer devant témoins, reprend un air calme.

Ici on entend dans le lointain le son des instrumens sauvages. Cette musique gaie attire l'attention des deux amans qui demandent à aller prendre part aux jeux : Larake y consent, et engage Cook à les accompagner.

Mais Williams veut profiter de ce moment pour instruire son frère. Il lui fait entendre qu'il a quelque chose à lui communiquer en secret.

VII.

Lorsqu'il sont seuls , Williams lui dit :

« Mon frère , je ne dois pas te laisser ignorer plus long-
» temps une circonstance fâcheuse qu'il m'a été impossible
» de prévoir , mais à laquelle il est encore temps de remédier.
» Perdant tout espoir de quitter cette île, pressé par Larake ,
» notre bienfaiteur , je lui ai accordé la main de Jenny pour
» son fils. »

(Cook fait un mouvement de surprise.)

« Rassure-toi , leur union a été suspendue , ma fille est
» encore libre... Il faut tout disposer pour mettre à la voile
» cette nuit , et quitter cette île à l'insu de Larake. Surtout
» que ma fille ne s'aperçoive de rien , son amour pour Anua
» nous trahiroit. »

VIII.

La musique gaie recommence.

Arrivée générale des Sauvages , des Matelots , de Larake , de Jenny et d'Anua.

Les Insulaires continuent leurs danses devant Cook.

La danse finit ; Cook félicite tout le monde et invite Larake à venir sur son vaisseau. Une chaloupe s'approche de terre. Cook y fait monter le Roi , Williams , Anua et Jenny.

Les Insulaires sont mécontens de voir Larake se livrer ainsi à la merci des Étrangers ; mais lorsqu'ils l'aperçoivent sur le tillac recevoir l'accueil le plus flatteur de tout l'équipage , ils témoignent leur joie et sortent avec d'autres Anglais qui les invitent à venir se réjouir.

Cook fait descendre dans la chambre du vaisseau Larake et sa suite.

IX.

Octoo paroît avec précaution. Il ne peut étouffer l'amour qu'il ressent pour Jenny , ni la haine qu'il porte à son rival. S'étant bien assuré qu'il ne peut être vu , il fait entrer deux de ses affidés , et leur fait part du projet qu'il a d'enlever Jenny , et les fait cacher.

Octoo se saisit du poignard qu'il a trouvé parmi les préseus , et promet de s'en servir utilement dans l'occasion , et sort.

X.

Tous les Insulaires reparoissent. Les chaloupes ramènent le Roi , qui fait à Cook mille complimens sur la beauté de son vaisseau.

Le Capitaine veut aussi donner une fête aux habitans , et ordonne que l'on dispose le feu d'artifice qu'il a commandé.

Pendant qu'on dispose le feu , Larake invite Cook à venir prendre quelques rafraîchissemeus.

XI.

Les Artificiers apportent des pièces de feux qu'ils placent sur le bord de la mer. Les Femmes de l'île les regardent avec étonnement et curiosité ; mais dans la crainte qu'elles ne touchent à quelque chose , les Artificiers les font rentrer dans leurs cabanes et y entrent avec elles.

XII.

Octoo reparoît ; il espère profiter du tumulte de la fête pour exécuter son projet d'enlèvement. Il va auprès d'une habitation ; mais entendant du bruit, il se cache de nouveau.

XIII.

Anna sort de l'habitation de son père ; il est frappé d'un funeste pressentiment ; le retard qu'a éprouvé son union avec sa chère Jenny, le tourmente.

XIV.

Jenny de son côté, s'étant aperçu de l'absence d'Anua, paroît : elle le voit, et court à lui avec empressement. Les deux amans se renouvellent le serment de s'aimer toujours.

XV.

Octoo se montre avec ses deux affidés. Il juge le moment favorable et veut en profiter, il s'approche doucement, sépare les deux amans, et enlève Jenny. Anua veut se jeter sur Octoo, mais ses deux compagnons le saisissent.

Les amans font mille efforts pour se débarrasser de leurs assaillans ; Anua parvient à saisir une massue, et court sur Octoo pour le frapper ; Jenny vole dans les bras de son amant, mais malgré leur résistance, ils cèdent à la force. Anua est renversé d'un coup de massue ; Octoo enlève Jenny.

XVI.

Cook arrive : mais quel est sa surprise, en voyant sa nièce au pouvoir d'Octoo, qui fuit avec sa victime. Il met l'épée à la main et le poursuit.

XVII.

Anua revenu du coup qu'il a reçu, se traîne dans la première habitation pour demander du secours contre le ravisseur.

XVIII

Cook reparoît, combattant Octoo qui s'acharne après sa proie. Les deux compagnons d'Octoo viennent à son secours, et accablent le capitaine, qui s'est emparé de sa nièce. Malgré l'inégalité du nombre, Cook leur tient tête.

XIX.

Anna reparoît, suivi de plusieurs insulaires. Octoo a succombé : Cook le tient sous ses pieds. Les autres prennent la fuite.

XX.

Tout le monde arrive avec Larake et Williams. On saisit le perfide Octoo. Jenny se précipite dans les bras de son père, et court ensuite avec Anna aux pieds de Cook.

Larake indigné, veut faire punir Octoo ; mais Cook lui dit que c'est à lui d'ordonner son châtiment. Il fait avancer ses soldats, qui s'emparent du traître. Il ordonne ensuite qu'il soit conduit sur le vaisseau, pour y recevoir son juste châtiment, en présence de tous les Sauvages, pour leur servir d'exemple.

Ses ordres sont exécutés. Les insulaires témoignent leur mécontentement ; ce châtiment, infligé par des étrangers, leur paroît un outrage.

Mais le Roi leur dit qu'Octoo l'a mérité.

Cook entend leur murmure, et pour faire diversion, ordonne que l'on tire le feu d'artifice.

Mais les Insulaires effrayés de l'explosion des pièces de feu, se sauvent dans leurs cabannes. Le Roi lui-même veut se retirer ; mais Cook lui fait apercevoir qu'il n'a rien à craindre.

Les Sauvages n'entendant plus de bruit, et voyant leur Roi qui reste, reparoissent. Cook ordonne à l'artificier de continuer. La pièce de feu que l'on tire, étant plus forte que la première, les

Sauvages ne peuvent en supporter l'éclat, et prennent de nouveau la fuite. Le Roi lui-même sort avec son fils.

XXI.

Cook et son frère veulent profiter de ce moment pour emmener Jenny, et lever l'ancre. Cook donne ses ordres à tous les matelots, pour le départ. Il commande un détachement de soldats, pour veiller et lui faire savoir si les Sauvages reparoissent.

Jenny regarde tous ces apprets avec inquiétude : elle s'approche de Cook pour lui en demander la cause.

Cependant on voit tous les matelots qui déploient les voiles, plusieurs chaloupes qui regagnent le vaisseau.

Cook annonce à Jenny qu'elle doit quitter ces lieux avec lui et son père.

A cette nouvelle, Jenny se jette dans les bras de Williams ; elle est au désespoir, ses larmes coulent avec abondance.

Mais il n'y a pas de temps à perdre, il faut partir. Une chaloupe s'approche du rivage. Cook dit à son frère de s'embarquer avec sa fille.

Jenny ne peut consentir à s'éloigner de son cher Anua ; elle supplie de nouveau son oncle et son père ; mais elle n'est point écoutée. Cook fait avancer deux officiers, et malgré sa résistance, on l'entraine.

XXII.

Mais ô fâcheux contre-temps ! Anua arrive. Jenny qui l'aperçoit, s'échappe des mains des officiers, et court à lui.

Cook et Williams restent confondus ;

TABLEAU.

Mais Cook qui ne veut pas perdre un temps précieux , ordonne qu'on les sépare. Anua ne doute plus de son malheur , il se dispose à défendre sa Jenny ; il fait d'inutiles efforts, les officiers indignés de sa résistance veulent le frapper, mais Williams les arrête.

XXIII.

Au même instant le Roi arrive. Quelle est sa surprise , en voyant son fils éprouver un pareil traitement de la part de ceux qu'il croyait ses amis; il en demande la cause à Cook et à son frère , qui ne savent que répondre ; mais Anua lui explique les motifs de son désespoir.

Au même instant , on voit une chaloupe ; c'est celle qui porte Jenny au vaisseau.

A cette vue, le Roi devient furieux.

Anua écume de colère , il veut reprendre sa Jenny ou mourir , et tous deux menacent les Européens.

Tous les Sauvages appelés par Anua arrivent. Il leur fait part de son malheur. Les insulaires veulent se venger et s'avancent sur Cook et son frère ; mais le détachement que Cook a mis en observation , fait feu sur les insulaires.

Le combat devient général , des chaloupes remplies de Sauvages veulent aborder le vaisseau ; mais on fait feu sur eux, et plusieurs barques sont englouties. La mêlée est horrible sur terre et sur mer.

Octoo, confié à la garde de deux soldats , sur le vaisseau, les renverse, et se sauve à la nage.

Les insulaires se sont emparés des armes des Anglais tombés morts, et s'en servent contre leurs ennemis.

Anua qui a ramassé un sabre, combat Cook lui-même ; mais peu exercé an maniement de cette arme, il succombe.

Cook, vainqueur, lui présente la main en signe d'amitié ;

Mais le perfide Octoo arrive, et profite de ce moment pour enfoncer lâchement son poignard dans les reins de Cook, qui tombe expirant aux pieds d'Anua.

Au même instant Kirk arrive avec quelques Anglais, mais trop tard pour parer le coup que le capitaine reçoit.

Ils veulent se précipiter sur Octoo qui prend la fuite. Ils s'attachent à ses pas.

Anua au désespoir et indigné de la trahison d'Octoo, voudroit aussi poursuivre le meurtrier ; mais il est retenu par un sentiment d'humanité et de reconnoissance qui le porte à secourir le capitaine.

Pendant qu'il lui prodigue des secours, Williams arrive avec sa fille et plusieurs Anglais, pour les prévenir que les Sauvages arrivent en foule.

Tous reculent d'effroi en voyant le capitaine mort.

Leur premier mouvement est de se jeter sur Anua, qu'ils regardent comme son assassin.

Au moment où ils vont le frapper, Jenny se met au-devant des coups, et assure qu'Anua ne peut être le meurtrier de son oncle. Les Anglais n'entendent rien et veulent venger la mort de leur Capitaine.

Larake arrive ; les Anglais accusent Anua qui proteste de son innocence. Larake , sûr de la loyauté de son fils , s'apprète à le défendre à la tête de ses Insulaires , lorsque Kirk arrive avec le perfide Octoo qu'il a saisi et qu'il désigne comme le seul assassin du Capitaine.

La rage des Anglais se tourne sur ce monstre. Williams ordonne qu'il soit fusillé sur une chaloupe.

On l'entraine.

Ensuite le malheureux Williams et sa fille entourent le corps de Cook déposé sur un brancard.

On hisse sur le vaisseau un drapeau noir.

Les Sauvages témoignent leurs regrets. Les Soldats , Matelots et Mousses anglais pleurent la mort de leur Capitaine.

Octoo est fusillé. La chaloupe sur laquelle il étoit attaché s'engloutit dans le fond de la mer.

TABLEAU GÉNÉRAL.

Fin du deuxième et dernier Acte.